T. R. P. VALLÉE
des Frères Prêcheurs

LE TABLEAU

DE

M. H. LEROLLE

AU

COUVENT DES DOMINICAINS DE DIJON

DISCOURS

PRONONCÉ EN LA CHAPELLE DU COUVENT

Le 15 mai 1898

SAINT-CLOUD

IMPRIMERIE BELIN FRÈRES

RUE DU CALVAIRE, 3

1898

LE TABLEAU

DE

M. H. LEROLLE

T. R. P. VALLÉE
des Frères Prêcheurs

LE TABLEAU

DE

 **M. H. LEROLLE**

AU

COUVENT DES DOMINICAINS DE DIJON

DISCOURS

PRONONCÉ EN LA CHAPELLE DU COUVENT

Le 15 mai 1898

SAINT-CLOUD

IMPRIMERIE BELIN FRÈRES

RUE DU CALVAIRE, 3

—

1898

Vu et approuvé :

Fr. Ambroise GARDEIL,   F. M. B. SCHWALM,
BACH. RÉGENT DES ÉTUDES   LECTEUR EN S. TH.

Imprimatur :

Fr. Réginald MONPEURT,
PROVINCIAL

« *Cum exaltatus fuero a terra, omnia traham ad meipsum.* »

« Quand j'aurai été élevé de terre, j'attirerai tout à moi. »

(Saint Jean, chap. xii, v. 32.)

Mes Frères,

Jésus-Christ était entré en ce monde sous les contrastes les plus absolus. D'un côté, l'indifférence des hommes, la pauvreté, le froid de la crèche; et, d'autre part, ces clartés du Ciel, qui envahirent la vallée de Bethléem, les anges qui apparurent, le chant triomphal qui retentit.

Quand il commença sa vie publique, ce furent les mêmes abaissements, et aussi les mêmes gloires. Il vint, comme les autres, au baptême de la pénitence, se courbant ainsi volontairement sous la loi que notre péché nous avait faite. Mais une clarté mystérieuse l'enveloppa au moment où il sortait des eaux du Jourdain, et une voix venue du Ciel acclama en lui le Fils de Dieu, disant à tous : « Celui-ci est mon Fils bien-aimé, écoutez-le. » Il parla, et ceux qui l'entendirent, les foules comme les esprits cultivés, tout émus, disaient : « Jamais personne n'a parlé comme cet homme. » Son cœur s'attendrit sur toutes nos détresses; on vit en lui des miséricordes étranges; ses pitiés n'étaient pas de l'homme; c'était comme la tendresse même de Dieu, rendue sensible et visible à tous; et, pendant ce temps, il n'avait pas où reposer sa tête. Il vécut ainsi pendant trois ans. Puis, une heure vint, heure formidable, qu'il appelait SON HEURE, où on le vit passer dans l'humiliation de l'âme et le corps broyé sous les tortures subies, semblable au ver de terre qu'avait annoncé le Prophète. Enfin il fut cloué aux quatre membres sur une croix, et il y mourut poursuivi par les derniers blasphèmes de ceux qui croyaient définitivement triompher de lui. Il y avait là, non pas un initié, un de ceux qui avaient vécu dans son intimité, mais un inconnu, qui avait suivi tout le drame avec son âme honnête de soldat; et ayant vu l'attitude du Christ sous l'outrage, sous la torture physique et sous la torture morale; ayant surpris sa paix étrange, ses pardons pleins pour tous, la prière si douce et si passionnée dont il enveloppait ses bourreaux, comme si tout à coup son efficacité l'eût atteint lui-même et l'eût initié à tout le mystère, il s'écria : « Cet homme était vraiment le Fils de Dieu. »

Et ainsi, à la fin comme au commencement, c'est le Fils de Dieu qui se dresse devant nous, et dans une si pénétrante lumière! Si nous n'allons pas jusqu'au fond des choses, si nous ne jugeons que sur les apparences, si nous interrogeons le Juif, il nous dira qu'il est bien maître définitivement du Christ et que tout va finir pour ce dernier. Si nous interrogeons le Christ lui-même, il nous dira que « son âme est triste jusqu'à la mort », et nous l'entendrons supplier pour que « le calice s'éloigne de lui ».

Et si nous interrogions Dieu?... Ah! le Ciel demeure bien fermé cette fois! écoutez le cri d'agonie suprême du crucifié : « Mon » Dieu, mon Dieu, pourquoi m'avez-vous » abandonné ? » Tout semble bien brisé, rompu à toujours entre le Ciel et le Crucifié.

Et oui, tout est rompu, et c'est pour cela que le Christ vient de traverser de telles angoisses. A cette heure, il a pris notre péché sur ses épaules ; il n'est plus que ce que le péché avait fait de nous ; il est le « maudit » sous les justices de Dieu. Oui, il nous a aimés ainsi. Mais il a cru que nous comprendrions, et c'est pour cela qu'il a dit cette parole par laquelle j'ai commencé : « Quand je serai élevé de terre, j'attirerai tout à moi. »

Pendant que le Juif croyait n'assister qu'à un drame humain, où toutes ses fureurs à lui pouvaient se donner carrière, pendant qu'il piétinait sa victime et criait victoire, au fond, c'est entre le Père qui est aux Cieux et le Crucifié qu'en réalité tout se passait. Par une adorable complicité, les deux étaient à l'œuvre pour racheter de l'abîme ce « pécheur », ce « fils de la colère » que nous étions tous, et voilà bien pourquoi l'ayant vu passer ainsi, brisé en son âme, broyé, tué en son corps, ceux qui peuvent et qui savent comprendre, redisent le mot du Centurion. Eux aussi sont pris, et si joyeux d'être pris !

Les contemplatifs sont venus et ils sont demeurés captifs de l'adorable vision. Les hommes d'action, au cœur d'apôtre, sont venus à leur tour, et ayant compris, eux aussi, ils sont partis n'ayant plus au cœur d'autre passion que celle de pénétrer l'âme des foules des clartés qu'ils avaient conquises. C'est la vie qui descend de ce mort, la vie qui n'est pas de la terre, celle qui a jailli sur nous dès la première minute du cœur du Père qui est aux Cieux et qui doit demeurer sur nous jusqu'à la consommation des siècles. On ne vit de Dieu que si l'on communie au Crucifié. Aussi l'hymne est-il ininterrompu qui crie merci à celui qui nous a aimés de la sorte. Depuis des siècles, la parole avec ses vues élevées, ses mouvements profonds, son éloquence enflammée; la poésie avec ses rythmes harmonieux et ses enthousiasmes saints, les arts avec les inspirations sublimes que chacun d'eux enfante, se sont acharnés après cette réalité adorable du Crucifié, et, parmi les artistes, les plus grands, les plus sincères ne crurent pas avoir donné leur mesure tant qu'ils n'eurent pas fait effort pour traduire cette vision qui domine tout. Les écoles de peinture s'y sont toutes essayées; les unes ont vu surtout le drame humain, la colère des Juifs, toutes les passions sauvages qui s'agitèrent autour de la victime. Mais comme ceux-là sont restés loin de ce qu'ils avaient à dire! D'autres, à l'âme plus profonde, ont deviné que la richesse et la beauté du drame étaient au dedans, en l'âme même du Christ. Comme notre Fra Angelico, ils ont regardé longuement; ils ont prié. Ah! lui, comme il avait deviné! Quelle paix, quelle lumière, quelle tendresse divine, quelle profondeur infinie en ses têtes du Crucifié ! Comme on sent que tout son cœur l'a suivi de scène en scène ! Comme c'est bien en l'âme même qu'il s'est établi avant d'oser traduire ce qu'il en avait deviné. Aussi, tout est lumière et tout est espérance en ces scènes qui demeurent pourtant si tragiques. Rappelez-vous le Christ, un voile sur les yeux, insulté par les gardes de Caïphe. Et quelle palette merveilleuse au service de sa pensée ! On dirait ses tons conquis sur les clartés mêmes du Ciel. Quelques-uns ont trouvé parfois son dessin un peu informe. Je me souviens de la protestation ardente d'un de nos Maîtres contemporains (1) un jour où l'on parlait ainsi devant lui du glorieux peintre dominicain : « Ne laissez jamais dire que Fra Angelico » n'a pas de dessin, s'écria-t-il ; s'il avait » d'autres lignes, ce ne serait plus l'Angelico. »

Sans vouloir assurément, mes Frères, établir aucun parallèle, l'œuvre que je veux

---

(1) Gustave Moreau.

étudier avec vous aujourd'hui, par son grand accent de Foi et par l'émotion d'âme si pénétrante qu'elle suppose, évoque comme naturellement le souvenir de l'Angelico. Évidemment, l'artiste qui l'a faite possède toutes les souplesses et toutes les habiletés du métier ; mais il est de ceux qui pénètrent au dedans des sujets qui l'attirent. Visiblement, il a vécu en l'intimité du Crucifié et il n'a commencé à mettre sa main en mouvement que lorsque sa conception se fut dégagée vivante et palpitante sous son regard. Voilà pourquoi cette œuvre est belle et dit tant de choses. Au premier aspect, tout semble l'immobilité même. Si vous regardez mieux, vous verrez, au contraire, que tout y est mouvement, et tout y est mouvement parce que tout y est vie. Exprimer la vie, c'est tout l'effort de l'art. C'est aussi son grand écueil, hélas! et combien y échouent! Les maîtres seuls y réussissent.

L'être humain vit, et cette vie s'accuse par le mouvement, mouvement de la pensée, mouvement de la volonté, qui se traduisent à leur tour dans les traits du visage et les attitudes du corps. Pour qu'il y ait vie dans une œuvre d'art, il faut qu'elle soit née d'une pensée puissante assez pour former un concept précis et ferme, d'une imagination prompte et riche assez pour créer les formes capables d'exprimer ce que la raison n'a pu concevoir que sous des lignes abstraites. Il faut enfin l'instrument, la main experte et habile au service de la pensée et de l'imagination. Si la pensée existe sans l'imagination, l'œuvre sera froide, sèche, sans expression. Il y aura peut-être des lignes d'une géométrie parfaite ; la vie en sera absente. Au contraire, l'imagination est puissante ; mais la raison, insuffisamment mûrie, n'a pas médité assez longuement pour arriver à une conception personnelle, bien dégagée, vivante; vous aurez, comme il arrive souvent à notre époque, une œuvre informe, incohérente, avec peut-être des coins superbes qui vous permettront l'espérance et la foi en de meilleurs lendemains ; mais l'artiste, au sens plein du mot, n'est pas né encore. Enfin, vous avez la raison qui conçoit et l'imagination qui crée les formes, mais sans la main qui sait exécuter. Si haute que soit la pensée, si personnelle et si vivante que soit la forme dont l'imagination la voit revêtue, vous n'aurez en fait qu'une œuvre d'à peu près; la science du métier aura manqué, la main aura trahi la pensée; c'est une œuvre morte. La vie, elle, laissée à elle-même, a des façons de s'exprimer d'une spontanéité et d'une grâce si merveilleuse! Les enfants dont l'âme ne connaît ni l'amour-propre, ni l'égoïsme, ni aucune de ces poussées qui troublent tant de choses en l'homme fait, ont des gestes adorables. Sitôt que la pensée germe en eux, par le sourire, par le regard, par tous leurs mouvements, ils nous en donnent la traduction parfaite, et avec quels gestes souples, gracieux, harmonieux! C'est la vie même. Ah! le geste, l'écueil terrible de l'artiste, parce que souvent au lieu d'être spontané comme la vie, il est voulu, cherché, et, hélas, tout de convention; et que de fois par suite, les yeux, la pensée, tout en nous est heurté, froissé par lui; il sonne faux. Les grands, les sincères, échappent à ce danger, parce qu'en eux tout jaillit de source. Mais pour être de ceux-là, il faut une âme qui sente, mieux que cela, qui possède la vie; il faut une âme où la lumière des choses se réfléchisse et qui vibre à tout ce qui peut faire vibrer. Au fond, sauf pour les maîtres, la vie c'est presque l'insaisissable. Comment fixer ces actualisations de l'âme si promptes à disparaître, ces attitudes si vite remplacées par d'autres attitudes? L'art ancien y était parvenu. Tel marbre venu jusqu'à nous est né assurément d'un merveilleux équilibre des forces de la raison et de l'imagination en l'âme de l'artiste et d'une admirable science du métier. Celui-là a lutté contre la divine chimère, et il en a triomphé. Mais depuis que le fils de Dieu, incarné parmi nous et crucifié par amour, a saturé l'âme humaine de vie surnaturelle, comme le problème s'est agrandi! et combien sont peu nombreux ceux dont la pensée peut affronter la vivante synthèse de l'art qui doit en naître ! Exprimer par la ligne, par le mouvement, par l'attitude du corps, cet envahissement du divin qui glorifie et transfigure tout en nous; exprimer ce que Dieu peut et veut nous dire, et rendre accessibles, comme tangibles au regard, ces clartés du dedans si profondes et si douces, vraies clartés d'au delà, il ne faut pas seulement pour cela un artiste en possession de la science et de tous les secrets du métier; il faut qu'il ait entendu, lui aussi, ce Dieu qui parle; il faut qu'il ait la foi et que son âme ait vibré souvent, longtemps, sous les touches mystérieuses de Dieu; il faut qu'il soit un humble comme nous, qui prie à deux genoux, qui adore le crucifié; il faut que ses yeux sachent lire au dedans, et que, à certaines minutes plus divines, sous l'action envahissante du Christ, il se soit livré, tout joyeux, avec tout ce qu'il y avait de sincérités et de vérité en lui. Et c'est bien pour cela que le crucifiement qui est sous nos yeux est si splendidement beau.

Pour oser une telle œuvre, l'artiste est venu avec sa science et, certes, elle est grande! Il est venu surtout avec sa grande âme de croyant, avec son cœur de baptisé. Il est d'une race où l'on croit, où la foi se transmet de génération en génération comme la plus glorieuse part de l'héritage, où témoigner pour elle par les douces et fortes vertus du foyer ne suffit pas, et qui ne perd aucune occasion de l'affirmer et de la glorifier publiquement, devant tous. Voilà pourquoi il a osé nous redire sa vision du Crucifié et pourquoi il l'a faite si belle ; car, en vérité, elle est belle.

C'est bien le Christ qui est l'âme de tout le tableau. Il est mort ; le dernier souffle vient de s'exhaler. Pourtant ses lèvres demeurent entr'ouvertes comme pour laisser passer encore sur le monde entier la parole de l'éternelle vie. La mort l'a touché, mais on sent qu'elle ne le gardera pas. Sa chair ne connaîtra pas la corruption du tombeau. On le dirait entré déjà dans la lumière plus encore que dans la mort. Demain la vie éclatera à nouveau, et ce mort sera vivant pour l'éternité.

Au pied de la croix, la Vierge Marie se tient debout, si vaillante, si ferme, le visage pourtant pâli, creusé par les angoisses du crucifiement, toute son âme en communion avec l'âme de son Fils, et si pleine du drame douloureux qui vient de s'achever! Tout à l'heure, Jésus lui a dit en lui montrant saint Jean : « Femme, voici ton fils. » Elle se souvient, et, sans quitter le Crucifié, le geste de ses bras l'indique, elle se tourne, la tête à peine infléchie, vers Dominique et lui dit : « Il faut aller le prêcher. »

Et le Saint, enseveli en son extase, emporté sous la parole de Marie, sous le commentaire qui rayonne d'elle, s'abîme en la contemplation du Crucifié. Sa vie est arrêtée là pour toujours. On ne voit rien des traits de son visage, et cependant comme nous sommes émus à le regarder : tout ce corps penché en avant, captif de la clarté qui emplit l'âme, est la prière même.

Sur la gauche, les fils de Dominique, qui

ont compris comme lui et qui s'en vont, si pénétrés! redire au monde absorbé par ses travaux ou ses plaisirs la « science qui sur-» passe toute science, la charité du Christ », pour notre race. C'est sur Paris que l'artiste les fait descendre, et ce mouvement d'instinct filial n'est après tout que la vérité ; car nous avons été les premiers baptisés en tant que nation dans le sang et la vertu du Crucifié. Comme ils sont graves, recueillis, pleins de silence! Les uns s'en vont comme emportés par leur vision. A leur attitude, à leur regard, à leurs mouvements, on sent qu'elle les possède tout entiers. Quand leur âme va se livrer, quels cris, quels accents elle aura! D'autres tiennent un livre ouvert dans leurs mains, comme si leur âme se plaisait à rapprocher la Croix, la manifestation suprême de la miséricorde de Dieu sur nous, de celles qui l'avaient précédée et prophétisée. Hommes d'études et de science, ils vont accroître par leur effort le trésor divin accumulé par les siècles. Derrière eux, saint Antonin, le grand archevêque de Florence, s'avance avec l'autorité et la majesté du Pontife. A ses côtés, saint Pierre de Vérone, martyr, le coup de sabre à peine indiqué sur la tête, comme si l'artiste, par une attention délicate, avait jugé inutile de souligner davantage que pour les fils de Dominique le témoignage jusqu'au sang pour le Crucifié fait partie de l'héritage de famille.

Et, en revenant vers le Christ, Dominique, toujours perdu en sa prière, en son extase, comme pour dire aux derniers venus que nous sommes : « Oui, c'est ainsi, ma
» prière ne vous quitte jamais. Prêchez,
» prêchez, mes fils, le doux Crucifié. An-
» noncez au monde la grande joie. Dites
» à tous, criez à tous comment ils sont
» aimés. »

De l'autre côté de la croix, Madeleine, donnée comme patronne de notre Ordre à saint Dominique. Elle est à genoux, la main droite sur les pieds sanglants du Christ. Et n'admirez-vous pas cette trouvaille du cœur de l'artiste? La main de la pécheresse, de la

pardonnée, sur les clous qui ont aidé à consommer son rachat! Mais la pécheresse est loin. C'est l'âme aimée du Christ qui est là. La tête renversée, radieuse sous les clartés intérieures, son bras gauche tendu vers le Ciel dans une envolée qui semble emporter le corps entier, tout son être, au mystère entrevu des clartés éternelles, n'est-ce pas Madeleine prise en plein Évangile, Madeleine qui sait tout ce que le Christ est venu dire, qui a tout compris sous la révélation suprême de la Croix? Elle a épuisé tous les sacrements qui pouvaient l'initier au secret divin. Tout à l'heure, quand Jésus ressuscité va lui parler, il consacrera lui-même par sa parole la réalité de ces ascensions de la convertie. Il lui dira que l'heure des sacrements est passée pour elle : « *noli me tangere,* » « ne me touche pas. » Et pourquoi? Pour lui donner rendez-vous au Ciel, où toute clarté sera faite enfin. « Je ne suis pas
» encore remonté à mon Père : » « c'est là,
» en plein mystère éternel, que tu me trou-
» veras désormais, et que tu communieras

» à moi. » Après les intimités de Béthanie, après les clartés projetées sur son âme par la Passion et surtout par les heures suprêmes vécues au Golgotha, la terre n'a plus rien à dire à Madeleine ; c'est dans la clarté du Ciel que le Christ veut désormais lui parler.

Comme ces choses toutes divines ont été comprises par le peintre, et comme il les a bien traduites, et par la lumière quasi « spirituelle » qui enveloppe la Sainte et par ce mouvement d'extase éperdue de tout le corps qui monte à la vision !

A côté, saint Jean, qui a vu, qui a compris comme Madeleine. Saint Jean, le disciple que Jésus aimait, celui qui a tout su du Crucifié, celui qui nous a dit comment il avait aimé jusqu'à la fin, « *dilexit in finem* » ; celui qui reposait hier sur la poitrine du Maître pendant l'institution du sacrement d'amour, comme pour y surprendre le secret dernier de son cœur. Il a suivi jusqu'au bout, jusqu'au Calvaire. Mais il ne peut garder ce qu'il a vu pour lui seul ; il a mission de le raconter à tous : c'est par les apôtres que le monde croira et sera sauvé. Et saint Jean, debout, les mains sur son visage, semble vouloir revivre ses trois années d'intimité avec le Maître adoré afin de tout nous en redire. Et vous savez s'il y a réussi et en quelle lumière vivante et saisissante il a dressé sous nos yeux la figure du Verbe incarné et crucifié. Cet intime du Maître parle comme lui; il parle comme personne n'a parlé.

Puis le groupe des Vierges dominicaines. Et, tout d'abord, Catherine de Sienne, à genoux, avec ses mains aux lumineux stigmates, Catherine, vraie fille de notre Père, ensevelie comme lui en sa vision. Sa tête, ses yeux, ses mains, tout son corps disent où elle habite; tout en elle monte au Christ. Et en quelle paix divine et quel absolu don de soi! Evidemment, celle-là ne quittera plus le Crucifié; elle est de celles qui peuvent dire avec saint Paul : « Ce n'est plus
» moi qui vis, c'est Jésus-Christ qui vit en
» moi. » Et, de fait, même physiquement, à plusieurs reprises, pendant des mois en-

tiers, Catherine ne vécut que du pain eucharistique.

En arrière, d'autres Sœurs, exprimant par leur attitude comme les étapes de l'âme en marche vers le Christ. L'une d'elles, à genoux, la tête inclinée, les yeux clos, ou mieux, ouverts en dedans sous l'émotion qui vient de la saisir. Nous la surprenons au moment où la révélation décisive vient de lui être faite. Quels éveils! Le monde disparaît; tout ce qui est de la terre s'évanouit; il n'y a plus que la clarté qui vient de surgir au plus profond de l'âme. « Est-ce donc bien » vrai que le Christ soit à moi, comme il fut » à nos Saints? Est-ce donc vrai qu'il m'aime » d'un tel amour? »

Ah! la minute divine que celle où tout l'être tressaille ainsi sous toutes les certitudes de la foi au passage du Christ! Et si l'on demeure fidèle, comme elle décide de tout dans une vie!

A côté d'elle, une de ses compagnes, sous une émotion non moins profonde, les yeux frappés d'extase, avec je ne sais quelle stupeur radieuse, comme sous le premier choc des réalités divines. Celle-là aussi est prise à fond, et elle restera !

Plus bas, sortant de Rome, la ville qui symbolise la Foi, tout un groupe monte au Crucifié pour y conquérir la science qui sauve. Comme elles vônt dans le recueillement et dans la paix ! Oh ! les âmes envahies enfin par la Foi ! je ne sais rien qui puisse remuer à ce degré un cœur de prêtre ! Assister à ces minutes où l'âme entre en plein éveil, où le divin va lui devenir personnel, où l'action divine va s'écrire en plein cœur, où tout l'être va être délivré de tout ce qui l'appesantissait, le retardait, où l'on va enfin ouvrir les yeux, regarder en haut et dire : tout cela est à moi, à moi pour l'éternité !.....

Au point de vue purement artistique, comme cette ligne ascendante, se détachant sur l'horizon immense, est harmonieuse ! Pour lui donner plus de mouvement, deux saints sont debout. Ils viennent du Calvaire. Saint Vincent Ferrier, la flamme au front, prêche aux foules. Elles l'appelaient l'Ange du Jugement. La prédication du jugement, c'est l'expression de la pitié suprême du Christ. Rappelez-vous son dernier mot devant Caïphe, lorsque celui-ci, trahissant toute vérité et toute justice, Jésus, dans un dernier effort pour le sauver, prophétisa qu'un jour il reviendrait sur les nuées pour juger les vivants et les morts. C'est cette parole de si profonde miséricorde que Vincent reçut mission de prêcher à tous. Le saint descend du Calvaire. Le Crucifié n'est pas compris ! Sous l'angoisse qui l'étreint, il crie le jugement terrible, inévitable, qui décidera de tout. Comme on sent bien en lui le passionné, le saint, qui aime de toute la force de son âme et qui veut qu'on aime comme lui ! S'il crie à tous les justices de Dieu, c'est que le Crucifié est là, celui qui était venu non pour juger, mais pour sauver. Est-ce que tous n'entendront pas enfin à ce mystère d'infinie charité qu'est le Christ ?

A côté de lui, Thomas d'Aquin, lui aussi descendu du Calvaire, envahi à fond par le

Crucifié. Le grand docteur a vu si nettement les raisons divines de l'Incarnation et du crucifiement! Le Verbe s'est incarné, a été crucifié « *propter peccatum* », parce qu'il y avait un péché sur la race que nous sommes. C'est la clarté qui illumine la puissante et vaste synthèse de sa théologie. Après l'avoir surprise au cœur du Christ, il l'a mise en lumière par le commentaire des docteurs et des saints de tous les siècles. Tout ce qui est venu des « collines éternelles » illuminer ce mystère du Crucifié et tout ce qui a pu remonter de l'âme humaine comme une action de grâce et une lumière nouvelle pour l'aider à le mieux pénétrer, Thomas d'Aquin le sait! Assis comme au confluent des clartés du ciel et de la terre, le saint va les recueillir et les projeter sur tous. Deux volumes déjà écrits sont à ses pieds; il en compose un troisième, que vingt autres suivront.

Et, debout sur l'horizon, tournant le dos au spectateur, d'autres fils de Dominique jettent leur parole aux quatre points cardinaux, continuant ainsi de glorifier l'apostolat universel confié par Marie à leur père et d'exprimer la fidélité de ses fils à vivre l'héritage qu'il leur a laissé.

Cette toile à la fois si intime et si belle est donc une page singulièrement vivante et tout à l'honneur de notre Ordre. Ses apôtres, ses martyrs, ses pontifes, ses docteurs, ses vierges, tous ceux qui ont vécu puissamment la grâce dominicaine, sont là aux pieds du Christ. Regardez : vous n'en trouverez aucun qui vive d'autre chose que de ce qu'il a compris et reçu du Crucifié.

Et c'est bien pour cela que cette page est belle. C'est bien l'œuvre d'un croyant, d'un artiste qui sait regarder, qui sait comprendre, dont l'imagination revêt tout naturellement de formes vivantes ce qu'il a conçu, et dont la main ne se heurte aux difficultés que pour en triompher. Elle restera sous nos yeux, cette page, pour nous rendre plus accessibles les profondeurs du drame de la Croix, qui devraient nous être si connues, et qui demeurent, hélas ! si vagues pour beaucoup. Puisque le Crucifié est mort pour nous comme pour les saints, puisqu'il nous aime comme il les a aimés, pourquoi ne pas nous laisser prendre comme eux par lui ! Il fait si bon sous son action !

Je vous en prie, mes Frères, que ce discours, à forme un peu inattendue peut-être, reste en vos âmes ! Au fond, en interprétant l'œuvre d'art, je n'ai parlé que de la vertu divine du Christ. Elle est l'âme de tous les personnages du tableau. Je voudrais qu'elle fût l'âme aussi de notre vie à tous.

J'ai fini, mais je ne veux pas descendre sans bénir du fond de mon cœur notre cher et grand artiste ! Ni à lui, ni aux siens, ce sera mon dernier mot, notre prière ne fera défaut ! Nous nous sentons endettés vis-à-vis de lui, mais nous sommes si joyeux de la dette contractée !

SAINT-CLOUD. — IMPRIMERIE BELIN FRÈRES.

www.ingramcontent.com/pod-product-compliance
Lightning Source LLC
Chambersburg PA
CBHW060915050426
42453CB00010B/1737